C. P. B.
Las Palomas, 330
Lima, 18
Perú
(Teléfono: 413898)

CARLOS
GERMAN
BELLI

BODA
DE LA PLUMA
Y LA LETRA

CARLOS
GERMAN
BELLI

BODA
DE LA PLUMA
Y LA LETRA

A. Merlin Forster, con un aprecio intelectual amistad.
Carlos Germán Belli

EDICIONES CULTURA HISPANICA
INSTITUTO DE COOPERACION IBEROAMERICANA

© 1985 Carlos Germán Belli

Diseño: Pedro Shimose

EDICIONES CULTURA HISPANICA
INSTITUTO DE COOPERACION IBEROAMERICANA
Av. Reyes Católicos, 4 - 28040 Madrid

I.S.B.N.: 84-7232-365-X
Depósito Legal: M-26217-1985

Hecho en España
M. Huerta - Ibiza, 52 - Madrid

EL PESAPALABRAS

A comienzo de todo, en los alrededores de la cuna, la balanza de la farmacia; luego, andando el tiempo, la oculta balanza de la mente. Recordaba la primera como algo lejano, mientras que la otra fue siempre una cosa virtual en el culto a la métrica y la escritura libre, y aun en la premeditada disolución de la palabra. En verdad, no tenía una clara conciencia de la balanza de la salud, ni de la balanza de las letras, hasta que un día llegó la buena nueva del pése-nerfs, concebido para hacer patente lo indecible y desencadenar la liberación del espíritu humano. Pero la intención mía (infructuosa, claro está) era únicamente querer medir y unir el sonido y el sentido del verso. Además, el diccionario me había revelado la existencia de unos humildes instrumentos de medición, casi por nadie conocidos, como el pesalicores, el pesaleches o el pesacartas. Finalmente, al parecer, la balanza de la mente poseía también los dones de la salud, como la balanza de la farmacia paterna, pues de algún modo el sopesar las pertinaces voces ayudaba a aligerar la pesadez de las ideas fijas. En el

7

fondo, el invisible instrumento mental resultaba una suerte de pesapalabras, ya que escribir es como tomar a peso todo sonido, todo sentido.

POEMAS

[1958]

Poema

Nuestro amor no está en nuestros respectivos
y castos genitales, nuestro amor
tampoco en nuestra boca, ni en las manos:
todo nuestro amor guárdase con pálpito
bajo la sangre pura de los ojos.
Mi amor, tu amor esperan que la muerte
se robe los huesos, el diente y la uña,
esperan que en el valle solamente
tus ojos y mis ojos queden juntos,
mirándose ya fuera de sus órbitas,
más bien como dos astros, como uno.

El aviso las señales

Yo espero una bengala de aviso
tantas veces he escrito la clave en un papel
la he grabado sobre un grano de arena
con la fuerza del hambre
iluminado por un haz de luz
como cuando cruza un navío delante de los acantilados
o se incendia de repente la carpa del circo
en la noche oscura
cuando arrojan a las tribus antiguas
hacia las alamedas de yacimientos de hulla
y los tigres inclinados al borde de los estanques
electrizan con su piel
los menudos ojos de los peces
es así que yo espero un silbo de aviso
entre arroyos con mimbre
y la opulencia de una hilera de mesas de noche
yo te busco en todos los rincones
con una fogata
para alumbrar los vidrios
y ver las señales mágicas de tu vaho

cuando no te dejan cruzar el umbral del puente de mi río
o no me dejan seguir en los caminos
las líneas secretas de las rocas de tu valle.

La lisiada

Aquella cebra al lado de la niña,
lamiéndole su muslo mutilado,
todo aquello al costado, tras del mundo,
tras la gente adherida en una riña,
todo aquello qué triste, qué fugado
de la vera del mar, y qué profundo.
Casto pie vagabundo
de niña desprendido
para siempre y herido,
naufragando por bosques y arrabales,
delante de una cebra, entre fanales
de romeros, ¡oh niña!, ¿dónde el riente
delfín, en qué canales
hoy en que no os abraza la corriente?

Segregación Nº 1

(a modo de un pintor primitivo culto)

Yo, mamá, mis dos hermanos
y muchos peruanitos
abrimos un hueco hondo, hondo
donde nos guarecemos,
porque arriba todo tiene dueño,
todo está cerrado con llave,
sellado firmemente,
porque arriba todo tiene reserva:
la sombra del árbol, las flores,
los frutos, el techo, las ruedas,
el agua, los lápices,
y optamos por hundirnos
en el fondo de la tierra,
más abajo que nunca,
lejos, muy lejos de los jefes,
hoy domingo,
lejos, muy lejos de los dueños,
entre las patas de los animalitos,
porque arriba
hay algunos que manejan todo,
que escriben, que cantan, que bailan,

que hablan hermosamente,
y nosotros rojos de vergüenza
tan sólo deseamos desaparecer
en pedacititos.

DENTRO & FUERA
[1960]

¿No merecería la pena de analizar, de describir con alguna minucia, cómo es para cada cual su cuerpo, visto desde dentro, cuál es el paisaje interno que le ofrece?

JOSE ORTEGA Y GASSET
El Espectador

18

Menú

Cazuela
&
Solomo
cuando se hallan en mi estómago laico
se miran y preguntan
de dónde vienen
por qué están allí
hacia dónde van.

Expansión sonora biliar

Bilas vaselagá corire
biloaga bilé bleg bleg
blag blag blagamarillus

Higadoleruc leruc
fegatum fegatem
eruc eruc
fegaté gloc gloc
le lech la lach
higadurillus
vaselinaaá

Hegasigatus glu glu
igadiel olió
glisetón
hieeel
glisetón
gliseteruc
hieeel
gliseterac
hieeeeel

Oh Hada Cibernética

Oh Hada Cibernética
cuándo harás que los huesos de mis manos
se muevan alegremente
para escribir al fin lo que yo desee
a la hora que me venga en gana
y los encajes de mis órganos secretos
tengan facciones sosegadas
en las últimas horas del día
mientras la sangre circule como un bálsamo a lo largo
(de mi cuerpo

Cien mil gracias

Cien mil gracias
papá mamá
porque habéis intercedido por mí
ante mi dios antitutelar
para que al fin no tenga temor
a la Gran Impotencia
al Gran Cáncer
a la Gran Cobardía
que me asedian con sus pandillas enmascaradas
de pólipos
de hidras
de trombas amarillas

Los contenidos

Una sopa por qué contiene porciones pescado
en lugar de porciones ave
un lingote por qué contiene porciones plomo
en lugar de porciones cobre
un hombre por qué contiene porciones gómez
en lugar de porciones lópez

Si a la plantita...

Si a la plantita no le dicen:
"ésta es la mejor cosecha",
si al animalito no le dicen:
"éste es el mejor gruñido",
si al hombrecito no le dicen:
"ésta es la mejor cópula",
entonces para qué sobre el suelo:
planta-animal-hombre.

¡OH HADA CIBERNÉTICA!

[1962]

Lima la horrible
CÉSAR MORO

Algún día el amor

Algún día el amor
yo al fin alcanzaré,
tal como es entre mis mayores muertos:
no dentro de los ojos, sino fuera,
invisible, mas perenne,
si de fuego no, de aire.

En vez de humanos dulces

En vez de humanos dulces,
por qué mis mayores no existieron
cual piedra, cual olmo, cual ciervo,
que aparentemente no disciernen
y jamás a uno dicen:
"no dejes este soto,
en donde ya conoces
de dó viene el cierzo, adó va el noto".

Una desconocida voz...

Una desconocida voz me dijo:
"no folgarás con Filis, no, en el prado,
si con hierros te sacan
del luminoso claustro, feto mío";
y ahora que en este albergue arisco
encuéntrome ya desde varios lustros,
pregunto por qué no fui despeñado,
desde el más alto risco,
por tartamudo o cojo o manco o bizco.

¡Oh alma mía empedrada!

¡Oh alma mía empedrada
de millares de carlos resentidos
por no haber conocido el albedrío
de disponer sus días
durante todo el tiempo de la vida;
y ni una sola vez siquiera
poder decirse a sí mismo:
"abre la puerta del orbe
y camina como tú quieras,
por el sur o por el norte,
tras tu austro o tras tu cierzo...!"

¡Abajo las lonjas!

¡Oh Hada Cibernética!,
cuándo de un soplo asolarás las lonjas,
que cautivo me tienen
y me libres al fin
para que yo entonces pueda
dedicarme a buscar una mujer
dulce como el azúcar,
suave como la seda,
y comérmela en pedacitos,
y gritar después:
" ¡abajo la lonja del azúcar,
abajo la lonja de la seda!"

¡Oh alimenticio bolo!

¡Oh alimenticio bolo, mas de polvo!,
¿quién os ha formado?
Y todo se remonta
a la tenue relación
entre la muerte y el huracán,
que estriba en que la muerte alisa
el contenido de los cuerpos,
y el huracán los lugares
donde residen los cuerpos,
y que después convierten juntamente
y ensalivan
tanto los cuerpos como los lugares,
en cuál inmenso y raro
alimenticio bolo, mas de polvo.

32

¡Oh padres, sabedlo bien...!

¡Oh padres, sabedlo bien:
el insecto es intransmutable en hombre,
mas el hombre es transmutable en insecto!;
¿acaso no pensábais, padres míos,
cuando acá en el orbe sin querer matábais
un insecto cualquiera,
que hallábase posado oscuramente
del bosque en el rincón más manso y lejos,
para no ser visto por los humanos
ni en el día ni en la noche,
no pensábais, pues, que pasando el tiempo
algunos de vuestros hijos
volveríanse en inermes insectos,
aun a pesar de vuestros mil esfuerzos
para que todo el tiempo
pesen y midan como los humanos?

En tanto que en su hórrido mortero

En tanto que en su hórrido mortero
el tiempo me va trociscando a diario,
en un horno yo yazgo no de cal,
sino de burla humana,
como cuando el gigante
a los pigmeos dice: "¡bah, hi de pulga!";
porque a estas alturas de mi vida,
aunque cebado me hayan mis mayores
con la perdiz moral,
no sobrepujo nada,
ni aun de la arena un corto grano oscuro.

El cráneo, el árbol, los plagios

Un cráneo arbolado
o un árbol craneal,
tal es lo que yo quiero,
para poder leer
mil libros a la vez;
un árbol con cráneos
sobre cada rama,
y en el seno hambriento
de cada cráneo romo,
un bolo alimenticio
armado de plagios,
mas de plagios ricos.

¡Cuánta existencia menos...!

¡Cuánta existencia menos cada vez,
tanto en la alondra, en el risco o en la ova,
cual en mi ojo, en mi vientre o en mis pies!,
pues en cada linaje
el deterioro ejerce su dominio
por culpa de la propiedad privada,
que miro y aborrezco;
mas ¿por qué decidido yo no busco
de la alondra la dulce compañía,
y juntamente con las verdes ovas
y el solitario risco,
unirnos todos contra quien nos daña,
al fin en un linaje solamente?

Después de mil mudanzas

¡Oh hado mío!, después de mil mudanzas
de moral y de duelos y de escamas,
¿por qué no haces que vea ante mí un valle,
con lo dulce y lo propio solamente
de la rosa amarilla esmaltado?;
pues tras muchas mudanzas,
en mis contornos sólo de repente
veo un arrabal, restos de los amos,
y en medio de una de sus crueles calles,
un atril y un libro y un claro plectro
a los sedientos plagios destinado.

¡Oh Hada Cibernética!...

¡Oh Hada Cibernética!, ya líbranos
con tu eléctrico seso y casto antídoto,
de los oficios hórridos humanos,
que son como tizones infernales
encendidos de tiempo inmemorial
por el crudo secuaz de las hogueras;
amortigua, ¡oh señora!, la presteza
con que el ciervo sañudo y tan frío
bate las nuevas aras, en el humo enhiestas,
de nuestro cuerpo ayer, cenizas hoy,
que ni siquiera pizca gozó alguna,
de los amos no ingas privativo
el ocio del amor y la sapiencia.

En Bética no bella

Ya calo, crudos zagales desta Bética
no bella, mi materia, y me doy cuenta
que de abolladuras ornado estoy
por faenas que me habéis señalado
tan sólo a mí y a nadie más ¿por qué?;
mas del corzo la priesa privativa
ante el venablo, yo no podré haber,
o que el seso se me huya de sus arcas
por el cerúleo claustro, pues entonces
ni un olmo habría donde granjear
la sombra para Filis, o a mis vástagos,
o a Anfriso tullido, hermano mío;
pero no cejaré, no, aunque no escriba
ni copule ni baile en esta Bética
no bella, en donde tantos años vivo.

EL PIE SOBRE EL CUELLO

[1964]

Las abolladuras

Un sinfín a lo largo de los cuerpos
de ilícitas y crudas abolladuras,
que en el seno se cuelan del planeta,
desde antes de los carros y los trenes;
pues a hurtadillas trajo el fiero noto
abolladuras de seso y de tobillo,
que presto descendieron en la noche
no sobre el chasis, mas sí en el cráneo
del piloto que desde la matriz
mal su grado usurpara para siempre
la abolladura y el vil desperfecto
a la armazón ferrosa de los coches.

Plexiglás

Este cuero, estos huesos, esta noche,
días hay que no sufren por milagro
el tenedor, las hachas, el cuchillo,
que el gerifalte tal un matarife
limpia, agita y afila con primor,
para hincar luego y dividir en trozos
al más avasallado de la tierra;
pues veces hay que por ensalmo mil
el cuerpo que hipa pasto no es del filo,
sino de plexiglás cual res el alma
de la que cortan y pesan y ponen
en el seno de un turbio celofán
el alón de la mente y el filete
no de carne, no, pero sí de aire.

Los bofes

Estos que hoy bofes boto mal mi grado,
tamaños montes cuando me jubile,
como mil dejaré al fin (ija, ja, ja!
bofes, ija, ja, ja! bofes nunca más);
y redimido así de bofes ya
hacia la huesa iŕé con talares alas,
antes que tornen mala vez de nuevo
amos viles a donde mí con priesa,
a llenarme el vacío cuerpo y liso,
para que luego luego, mal mi grado,
bote yo otras mil nuevas asaduras.

A mi hermano Alfonso

Pues tanto el leño cuanto el crudo hierro
del cepo que severo te avasalla,
unidos cual un órgano se encuentran
desde el cuello hasta las plantas,
no sólo a flor de cuero,
mas sí en el lecho de tu propio tuétano,
que te dejan cual ostra
a la faz del orbe así arraigado;
y el leve vuelo en fin
que en el cerúleo claustro siempre ejerce
el ave más que el austro desalada,
¿cuándo a ti llegará?,
mientras abajo tú en un aprisco solo
no mueves hueso alguno
ni agitas ya la lengua
para llamar al aire;
pues en el orbe todo viene y va
al soplo de la vida,
que pródigo se torna
para muchos y a no más otros pocos
áspero, vano o nada para siempre.

Poema

Frunce el feto su frente
y sus cejas enarca cuando pasa
del luminoso vientre
al albergue terreno,
do se truecan sin tasa
la luz en niebla, la cisterna en cieno;
y abandonar le duele al fin el claustro,
en que no rugen ni cierzo ni austro,
y verse aun despeñado
desde el más alto risco,
cual un feto no amado,
por tartamudo o cojo o manco o bizco.

A la zaga

¡Oh Alfonso!, desde feto ya otros fetos,
por quítame esas pajas tal ahora,
con su innato poder te avasallaban;
y en verdad yo al primer lustro siquiera
llegar pude y la hazaña coronar
de ser de los menores amo dulce;
mas pasando los años me he quedado
a la zaga, ¡oh hermano!, y ya a tu par,
codo a codo, pie a pie, seso a seso,
hoy me avasallan todos y amos tengo
mayores, coetáneos y menores,
y hasta los nuevos fetos por llegar
a esta boca de lobo niquelada.

Amanuense

Ya descuajaringándome, ya hipando
hasta las cachas de cansado ya,
inmensos montes todo el día alzando
de acá para acullá de bofes voy,
fuera cien mil palmos con mi lengua,
cayéndome a pedazos tal mis padres,
aunque en verdad yo por mi seso raso,
y aun por lonjas y levas y mandones,
que a la zaga me van dejando estable
ya a más hasta el gollete no poder,
al pie de mis hijuelas avergonzado,
cual un pobre amanuense del Perú.

POR EL MONTE ABAJO
[1966]

Cepo de Lima

Como cresta de gallo acuchillado,
un largo granulado pellejuelo,
de la gargante pende con exceso;

y por debajo de las ambas patas,
cascotes no de yeso, mas de carne,
como mustios escombros de una casa.

¿Por qué estos de cascote fieros montes
y tal feo pellejo mal mi grado,
si flaco hoy ni corvado viejo soy?

Por tu cepo es, ¡ay Lima!, bien lo sé,
que tanto cuna cuanto tumba es siempre,
para quien acá nace, vive y muere.

El atarantado

Atarantado, atortolado siempre,
en un tal tamañito apachurrado,
    a ras de las alturas
    yazgo de mi talón.

Me chupo, me atarugo mal mi grado,
y en vez de las luciérnagas cerúleas
    grillos vuelan, revuelan
    en la olla de mi cráneo,

mientras que a este umbroso paladar,
sin gota de saliva entrecogido,
    lo azoran y lo riñen
    las sosas y magnesias.

En tal manera me emborrico apriesa,
como cualquier acémila de carga,
    y grave es la ocasión
    porque prole yo tengo.

Tarumba vuelto, en fin, y ya sin fuegos
por yerros de la cuna hasta la tumba,
    y en tanto despabílome
    no más con estos versos.

La tortilla

Si luego de tanto escoger un huevo,
y con él freir la rica tortilla
sazonada bien con sal y pimienta,
y del alma y cuerpo los profundos óleos,
para que por fin el garguero cruce
y sea ya el sumo bolo alimenticio
albergado nunca en humano vientre;
¡qué jeringa! si aquella tortilla
segundos no más de ser comida antes,
repentinamente una vuelta sufra
en la gran sartén del azar del día,
cual si un invisible tenedor filoso
le pinche y le coja su faz recién frita,
el envés poniendo así boca arriba,
no de blancas claras ni de yemas áureas,
mas un emplasto sí de mortal cicuta.

Contra el estío

Así tras de asir yo de la cuna a la tumba,
por cuestas y laderas del empinado monte,
        la cruz de los sudores,
ya atrás dejar quisiera el horrísono paso
del humano feliz que en tu ara no derrama
        sudorípara glándula.

Para vasallo tal la buena estrella velas,
y aun la cima del monte en vano codiciada,
        entre tus áureos rayos,
como dádiva eterna que opulenta persiste
en el crudo aquilón y los rígidos hielos
        de ajenas estaciones.

Entre tanto del fisco bajo el severo ceño,
gordas gotas botando por razón de tus dardos,
        mal heme asalariado,
o a la zaga de Filis en lustros más que nunca,
que sólo por secuaz tuyo el feliz tal vez
        su corazón conquista.

Pues nunca tornes más, y al otoño cosido
déjame juntamente de una vez para siempre,
  de cuyo dulce seno
de amarillejas hojas yo deseo tan sólo
hacia el Leteo, en fin, suavemente partir,
  ¡ea inflamado estío!

Robot rocín

Un robot exclusivo tú eres, Marcio,
por quien trocado fuiste un mal día,
en moldes de esquelético rocín,
    a tu linaje ajenos;
pues tus discos, cilindros o tornillos
son fúlgidas quijadas, patas o ancas,
a fuerza meneadas desde el alba,
    y jamás a tu grado.

Un cuadrúpedo autómata ferroso,
mas aguardando cuán viciosamente
la chispa de una súbita chiripa
    para resucitar.
Pero déjate, Marcio, de melindres,
que si los hados otra vez te tornan
al sublunar vegetativo feudo,
    muda en rocín, y calla.

Fisco

En tus doradas aras, padre Fisco,
a tutiplén los bofes brindo siempre,
aunque mi ofrenda con desdén recibes,
    y sordo yaces.

Tal cual un can fiel a su dueño sólo,
así a tus plantas por la vil pitanza
que dan tus arcas, cuán cosido vivo,
    año tras año.

Pues por el monto destos bofes míos,
migas me lanzas como si no humanos
fuéramos yo, mi dama y mis hijuelas,
    mas sólo hormigas.

Pero no obstante te agradezco cuánto,
porque antes no en tu reino fui postrero,
sino en el claustro de la humana ciencia,
    a mí vedada.

Truécame pues en polvo, padre Fisco,
que de la tumba veré con gran pasmo,
cómo dejar pude a mis buenos deudos
    un montepío.

Epigrama II

¿Cuál mano, Marcio, cuál peine
arrojará alguna vez
de tu cabelludo cuero
tantas arraigadas liendres?
Pues tus piojuelos engullen
no el polvo de las afueras,
ni de tu cuero la grasa,
sino la clara primicia
de las mil lecturas varias,
que en ti, Marcio, de los libros
por tus ojos hasta el buche
del insecto pasar suele,
confinándote a la zaga,
no sólo del piojo, no,
mas sí de sus huevecillos.

El enmudecido

La fúlgida ganzúa
de los hados yo sueño solamente,
que el candado destape
de la boca por tanto tiempo muda,
y tal como los otros
esta mi tarda lengua yo descosa.

Porque se fían tantos
no en el vaso de pírex de la mano,
que el abecé derrama,
sino en la lengua que despeña loca
las prendas del garguero
en el gran laberinto de la oreja.

Pues si cosa real
fuere al cabo, y no sueño, dar podría
la fúlgida ganzúa,
y revocar del ave, planta o risco
deste sublunar globo,
la afasia por los cielos natural.

Y por victoria tal,
nunca jamás veríame medroso,
y mi existir cuán vario
sería del cual hoy discurro mustio,
que desalado Ford
habré entre ocios, y yo al fin valorado.

Robot sublunar

¡Oh sublunar robot!
por entre cuya fúlgida cabeza,
la diosa Cibernética
el pleno abecé humano puso oculto,
cual indeleble sello,
en las craneales arcas para siempre;

envídiolo yo cuánto,
porque en el escolar malsano cepo,
por suerte se vio nunca
un buen rato de su florida edad,
ni su cráneo fue polvo
en los morteros de la ilustración;

que tal robot dichoso
las gordas letras persiguió jamás,
y antes bien engranaron
en las dentadas ruedas de su testa,
no más al concebirlo
el óvulo fabril de la mecánica;

y más lo envidio yo,
porque a sí mismo bástase seguro,
y ágil cual deportista,
de acá para acullá expedito vive,
sin el sanguíneo riego
del ayer, hoy, mañana ineludible.

Mis ajos

Esta que en huerto de ajos tal se torna,
y no en jardín de blancos lirios lleno,
ni de espinosos cardos ya siquiera,
  ¡ay lengua mía!;

que sólo de ajos, ajos cuán sembrada,
si de la tierra el fisco se me cierra,
o de los cielos los benignos hados
  de mí se olvidan.

Como labriego soy del pródigo huerto,
pues ni sembrar ni regar dejo nunca
estas mis plantas por la culpa sola
  del fisco o hado.

Pero mal padre soy, varón tan loco,
porque el jardín cercano de mis hijas,
con malo olor de feos bulbos siempre
  infesto todo.

¡Ay! de tu tumba torna a casa pronto,
y a hablar enséñame, mamá, de nuevo,
que yo con lirios o con cardos hable,
mas no con ajos.

Sextina del mea culpa

Perdón, papá, mamá, porque mi yerro
cual cuna fue de vuestro ajeno daño,
desde que por primera vez mi seso
entretejió la malla de los hechos,
con las torcidas sogas de la zaga,
donde cautivo yazgo hasta la muerte.

Como globo aerostático en la muerte,
henchida por la bilis de los yerros,
la conciencia saldrá desde la zaga,
y morir cuán cercado por los daños,
del orbe será el más lastimado hecho,
que suerte no es del ilustrado seso.

Pues son cosas de un aturdido seso
no ser despabilado ni en la muerte
y en verdad es un inaguantable hecho
que adherida prosiga el alma al yerro,
hasta cuando sumido en crudos daños,
el cuerpo pase a polvo en plena zaga.

De los oficios y el amor en zaga,
por designio exclusivo de mi seso,
me dejan así los mortales daños,
aun en el umbral de la propia muerte,
que tal sucede por labrar con yerros
los espesos lingotes de los hechos.

Yo, papá, mamá, vuestros dulces hechos
cuánto agrié por yacer no más en zaga,
perdido en la floresta de los yerros,
y corridos os fuisteis por mi seso,
entre ascuas de rubores a la muerte,
bajo el largo diluvio de los daños.

Porque el error engrana con el daño,
al errar yo os dañé como feo hecho,
os lanzando cuán presto hacia la muerte,
en tanto inmóvil yazgo siempre en zaga,
al arbitrio del antro de mi seso,
donde nacen los más mortales yerros.

Ya mi seso, papá, mamá, en la zaga,
que postrer hecho sea ante la muerte
pagar los daños y lavar los yerros.

EL LIBRO DE LOS NONES
[1969]

La cara de mis hijas

Este cielo del mundo siempre alto,
antes jamás mirado tan de cerca,
que de repente veo en el redor,
en una y otra de mis ambas hijas,
cuando perdidas ya las esperanzas
que alguna vez al fin brillara acá
una mínima luz del firmamento,
lo oscuro en mil centellas desatando;
que en cambio veo ahora por doquier,
a diario a tutiplén encegueciéndome
todo aquello que ajeno yo creía,
y en paz quedo conmigo y con el mundo
por mirar ese lustre inalcanzable,
aunque sea en la cara de mis hijas.

El moho

Aun a su paso la benigna aura
cuán malparado te dejaba cruel,
y nadie acá podía imaginarse
en qué trazas y modos y rodeos
a espolvorear ibas este mundo,
después de tanto en pizcas reducido
y nunca a ras siquiera de tu nivel,
sino aun abajo, pobrezuelo moho,
en los fieros ascos y revueltos
de terrestres, acuáticos y aéreos;
mas de pronto por divinal cambiazo,
no al ámbar, no al almizcle, sino al polen
nada menos al fin por vez primera
sobrepujas, ¡oh moho!, en todas partes,
resolviendo las intrincadas cosas
de la vida y la muerte cuán ajenas,
cuando espejo ayer del Leteo oscuro
o deleznable en lo montés tú eras;
y qué dirán la yedra y olmo entonces,
que de ti se iban a otro punto ufanos,
a más entremezclarse para siempre

bajo su feliz preferido polen,
éste que como tú quisiera ser
en antibiótico ahora convertido.

Usted, bocaza

Usted, bocaza
de lobo oscura,
tras un recodo
así aguardando,

aquí no más,
allí al enfrente,
de par en par
voraz abierta,

con un cuchillo
entre los dientes,
para estampar
el crudo mal.

Usted, cuchillo,
el más filudo
de la armería
desta república,

cómo relumbra
en la gran noche,

ya avizorando
los pobrezuelos,

en cuyo centro
penetrará
desde la tez
mañana mismo.

Usted, mañana,
exactamente
como el ayer
y el duro hoy,

cuán embozado
de nuevo entonces
tras un recodo
fiero al acecho,

y tal la injuria
grave del tiempo,
que de atrás viene
y va adelante.

Que todo usted,
¡oh sumisión!,
es una sola
cosa en la vida,

usted, bocaza,
usted, cuchillo,
usted, mañana,
y yo la carne.

Ni de cien mil humanos

Ni de cien mil humanos yo quisiera
el recuerdo cordial cuán codiciado,
ni tampoco del risco, fiera o planta,
mañana cuando ausente para siempre
del esquivo planeta al fin me vea,
sino tan sólo el breve pensamiento
de una hermosa señora me bastara,
que en tal instante crea extrañamente
que si náufuragos fuéramos yo y ella
en una isla remota y solitaria,
juntamente con su primer amado,
a él sus desdenes brindaría fieros,
aunque en las mientes todo sólo fuere
de la desconocida dama ajena,
y yo polvo en el suelo e invisible
debajo de las letras de estos versos.

La faz ad hoc

En la gran superficie del planeta
todo se lo administran por la tez,
que si una faz ad hoc no se consigue,
hay quien entonces tórnase soluble
en una gota de agua que es su peso,
y en tal líquido seno cuán pequeño,
sin más trazas ni modos allí queda,
por cierto sin la plana superficie
y reluciente de los mudos peces,
o de las ondas ni la faz tampoco,
pues no visible yace ahora ya,
éste que un filamento fue tan sólo,
a quien los cielos no le dieron nunca
la faz ad hoc que todos acá tienen.

Autorretrato con apariencia humana

No por las ondas, no, del fiel espejo,
mas sí del sueño en cuyas largas vías
cuánto increíbles vistas yo descubro
    y certifico.

Ahora al fin ni búho, olmo o risco,
que a costa mía fui mudado ayer,
para poder seguir, y no ser polvo,
    en este mundo.

Aunque tan sólo fuere breve sueño,
aquellas trazas recupero humanas,
en el materno claustro recibidas
    divinalmente.

Porque heme en esta intempestiva vuelta,
si ya no en bulto de los otros reinos,
tampoco por fortuna no mondado
    de cada miembro.

Así no más en mientes (otra vez
lo digo y la ilusión me basta toda),
que por azar vuelvo a mirarme ufano
    bajo buen temple.

¡Ah mayoral al fin tal mi gran padre!,
mayoral soy, y tras de mí se vienen
las virginales dulces mil ovejas,
    que nunca tuve.

Pasta

O cerca o lejos, todo es pura pasta,
ya de oro, ya de harina, ya de alma,
que por derivación, visiblemente,
ver entonces se puede de pe a pa
la dura de la vida, y no la suave,
en la viscosa masa permanente
del ¡arre allá!, los nones, los portazos.
Pero ¿cuándo, aunque breve, suave pasta
de los floridos síes por doquiera
volátiles, acuáticos, monteses?,
pues también yo codicio (no es mentira)
la buena pasta de los dulces ratos,
y en ella machacado quiero ser,
cual mayoral y ninfa y su vacada,
acá no más, cual ellos, ¿por qué no?

Puros nones

¡Ay! no síes, mas sí nones,
¿qué digo? Que me sonsaco
de tal modo
lo que fui descomponido
por ser pez, ave o león
en el agua,
aire o suelo tan ajenos,
que sin más ni más allí
(¡ojo alerta!)
bien de día, bien de noche
no dejan de perseguirme
puros nones.

Que si tal las cosas son,
entonces ni por asomo
de los síes
una pizca habrá lugar,
como testimonio acaso
en la muerte
de cómo le ha ido a uno
en el seno de la vida,
donde todo

bicho viviente se mide
por el número de síes
hora a hora.

Y la vida no se excusa
con el bicho cuando éste
muda en bulto,
y ya nadie ni le dice
ni siquiera un solo no,
que en verdad
menos que bulto resulta,
sino mero risco ciego,
que aun el aura
cada día lo desdeña,
tal cual si ni sí ni no
fueron dél.

En fin vuelvo a lo mío,
abalánzome y sonsácome,
aunque el trueque
no funcione porque siempre
qué de nones como kilos
mil de bulbos,
y los síes que ni humo
ni una vez siquiera son;
mas, Señora,
si sólo un sí de tu boca,
y la noche trueque en día,
así sea.

A/b

A...

Esta del motor de Venus
gran combustión de la vida,
y del cielo don supremo,
tan sólo a mí inmaculada,
¡bah! enciéndetela
en agua, en aire y en fuego,
que toda ella cada vez,
y el motor acelerando,
será tuya.

b...

Ya, ya mía chispa fúlgida
del motor apetecido,
hasta ayer cuánto lejana,
mas si la ignición primera
por ti fue,
cómo guiaré el timón,
donde tus íntimas huellas
hasta el fin del mundo fijas
allí yacen.

A...

En las supercarreteras
desde el lucero del alba
las combustiones desato
de las puras gasolinas,
aunque sobras
por si acaso ando dejando
para que subas el monte
por entre las altas nubes
más que el rayo.

b...

Por este breve residuo
como empujado por buey
en la ida y la vuelta voy
por las vías sublunares,
tanto lento,
cuan desalado tú fuiste
en gozando tu auto nuevo
en presencia día y noche,
y en ausencia.

A...

Bocinazos toca mil
cuando veas en delante
a lo largo de la pista
raro bulto de repente,
que es camión
llamado " ¡Viva los Cielos!",
y pan llevar derramando,
aunque no tal simple cosa,
mas maná.

b...

El camión omnipotente
desde ondosa urbe trayendo
tan precioso cargamento,
y al costado del camino
detenido,
y yo al timón de tu coche
con la bocina sonando
hasta haber la vía libre
y el manjar.

A...

Pues soy el archipiloto,
y aun de autos empalagado,
uno a uno siempre míos
desde que al mundo llegaron,
y por ende
aquel en segundo uso
no lo quiero manejar,
que si lo aceptas así,
tenlo tú.

b...

Sea aquí; mas mustio yazgo
por designio de los dioses,
e interpuesto tú de súbito
entre el pubis del motor
y el arranque,
para que nunca jamás
por los siglos yo conduzca
ni acá ni en el más allá
un Ford nuevo.

SEXTINAS Y OTROS POEMAS

[1970]

¡Bah! vitaminas A

¡Bah! vitaminas A, para qué ahora,
ni B ni C, que al diablo vayan todas
de una vez por los siglos y los siglos,
si las tuyas A, B, C no engullí
en el preciso día, mamá, ayer,
cuando aun más allá de postrera Z,
a granel preparaste por doquier,
sin pensar reservarte así siquiera
de la B partícula o de la C,
ni que de tu padre la hijastra sola
pastilla por pastilla se tragare,
cual del botiquín absoluta dueña;
que ahora liberal también engulla
desde la A hasta la Z tal entonces,
ésta del hado opuesto ejecutora,
que ayer fue el día de mi vitamina,
mas ya no hoy ni mañana ni jamás.

Los estigmas

En los retrovisores espejuelos
de mi flamante coche día día,
por el arrabal del burdel al paso,
de mudanzas un gris camión horrible
llamado "Los Estigmas" yo diviso,
cuyos focos cual mortecinos ojos,
por entre la neblina de la noche,
en perseguirme nunca cejan fieros,
cual si mi chasis óptima región
y convenible como pocos fuera
a las atrocidades del defecto
o al tirano motor envejecido,
que bajo su gobierno así se yace
ya fuera de la pista, ya sin ruedas.

En el coto de la mente

En las vedadas aguas cristalinas
del exclusivo coto de la mente,
un buen día nadar como un delfín,
guardando tras un alto promontorio
la ropa protectora pieza a pieza,
en tanto entre las ondas transparentes
sumergido por vez primera a fondo
sin pensar nunca que al retorno en fin
al borde de la firme superficie,
el invisible dueño del paraje
la ropa alce furioso para siempre
y cuán desguarnecido quede allí,
aquel que los arneses despojóse,
para con premeditación nadar,
entre sedosas aguas, pero ajenas,
sin pez siquiera ser, ni pastor menos.

El olvidadizo

Yo cuánto olvidadizo soy ahora
con el rocín, la acémila, el pollino
a cuyo lado pata a pata vivo;

pues pese a nuestros lazos quiero ser
un miembro de la ajena grey contigua,
la que sólo se jacta, ríe y manda.

Disculpadme, cuadrúpedos, os pido,
por pretender abandonaros pronto,
librándome del lático que arrea;

que a fe por mi remota sangre humana,
la erial ingratitud mal grado porto,
y terminaré dándoos las espaldas.

Los extraterrestres

Yo nieto soy de Elvira de la Torre,
y cual ella cercándome hoy diviso
comensales por doquier,
ya de garfios crinados, ya de trinches,
y largos cucharones como brazos,
y por lengua una daga,
cual para la más dura vianda en mesa.

Pero no humanos tales raros seres
por afuera luciendo niquelados,
(pues ni del orbe son),
y de hierro por adentro cuánto armados,
tornando en serrín las antiguas sillas,
después de expoliar fieros
los sándwiches terrestres para siempre.

Ya al alba compartir la sublunar
de roble mesa rústica me obligan
los desconsiderados
marcianos o lunares comensales,
o qué sé yo de qué planeta ajeno,

y mi ración se llevan,
luego de arar de miga en migo yo.

Si bien nada boyante porque iré
a la tumba seguro con gran gula,
sin dilación me asaltan,
e impíos bregan para en mí engranar
sus cuchillos, sus trinches, sus cucharas,
que si tan ruin estado,
¡qué expolian, qué me trinchan, qué saquean!

Canción primera

Estas dos sin par rosas en un tris
de ser baldadas lianas por el suelo,
o en los perfectos pétalos luciendo
el contorno de un labio leporino,
y aun afiladas garras como ramas
a lo largo de un encorvado tallo,
o el imperio del bulbo
en fin avasallando
el buen olor del pétalo;
que si en caso hipotético así fuera,
y no esmaltadas rosas como hoy son,
cuál jardín en su seno las tendría,
si del lilio al heno
todo sería no más cardo esquivo.

O bien las ambas tórtolas completas
en las nubes aparecido hubieran,
de alas y patas feamente mochas,
y un cuerpo sólo con cabeza y pico,
que de volátil mude en ser campal,
cayendo al bajo suelo cual serpiente,
en tanto el cielo arriba

de alguna ufana tórtola
el usufructo sea;
mas ni llorar su vida a ras del risco,
pues menos que el ofidio existirían,
tanto como un corpúsculo invisible,
y ni silbo y ni son,
y ni a rastras ni vuelo y casi nada.

Acá la arcilla como rosa y tórtola,
a la par en el sino cada cual,
tan a mil maravillas para siempre,
cuanto en peligro sucesivamente
de gelatina, cieno, grisú o roca,
o todo a la vez, híbrido primero,
cuya confusa mezcla
ni imaginarse alcanza
al verse hoy feliz,
a punto de mudar en cambio toda,
con un divino soplo de por medio,
el natural estado en dulce carne,
cuando al revés bien pudo
menos que arcilla ser eternamente.

Si cada cual en riesgo
de híbrido más que el otro,
Canción mía, partid de una vez ya,
que en tris estáis también,
y no ser tal jamás,
sino clo, guau, miau, mu.

GRATIAS DEO

Sextina "El Bofedal"

A Javier Sologuren

En "El Bofedal", doloroso sitio,
en donde caen a granel los bofes,
al primer soplo del boreal tiempo,
tal si en el umbral de la vida,
saber las frialdades de la muerte,
sin ver del universo mundo el día.

Que en el allá de prenatales días,
penas hay cual en terrestre sitio,
y para escapar de la oscura muerte
el fórceps hace echar el virgen bofe,
por el solo hecho de mirar la vida,
como trampa montada por el tiempo.

Ya no fórceps ahora sino el tiempo,
a saltos en la bolsa día a día,
del canguro invisible de la vida,
desde cuando se llega al fabril sitio,
donde inmediatamente qué de bofes
hasta la orilla misma de la muerte.

En vísperas pues de la propia muerte,
que ayer anterior era a fiero tiempo,
y en vez hoy por tal mínimo de bofes,
hay en el orbe cuánto menos días,
en este "El Bofedal", no claro sitio,
en que descuajaríngase la vida.

En el seno acá de la ajena vida,
tanto más niquelada cuanto muerte,
que acosa siempre desde feo sitio,
devorándole el consustancial tiempo,
al hurtar a la vida cien mil días,
como caco que carga con los bofes.

El gran ferroso círculo de los bofes,
ciñendo el ocio fértil de la vida,
desde el más prenatal y dulce día,
girando sin cesar hasta la muerte,
a igual velocidad en todo tiempo,
y el eje fijamente en este sitio.

Aquí "El Bofedal", sitio de los bofes,
donde la vida ya no es tal, no es día,
mas tiempo adelantado de la muerte.

Mirando a mis hijitas
con su amigo, el can "Daqui"

Pues la cosa no era simple:
ya ser can, ya ser humano,
sino hi de res o de gato,
o quizás aun de otro bruto,
horizontalmente todo
entre un hocico y un rabo;
que por suerte no fue la niña
ni de res
o de gato,
ni en el mal o buen sentido,
y su A, su B, su C, etc.,
y hasta la Z mismísima,
con qué naturalidad
de pe a pa
en la boca,
y aunque idolatre a su can,
al gato o a la res aquella,
en tal tris
en los siglos ni una vez
se verá,
y cuanto más entre A y Z,

desde el preciso momento,
tanto menos guau, miau, mu.
Mas, ¡ay Dios!,
si tal vez ni fu ni fa
es la vida, bien que fuere ufano viaje
entre A y Z,
que dichoso
cuadrumano
más que el hombre
puede ser
tan sólo con guau, miau, mu.

A la noche

Abridme vuestras piernas
y pecho y boca y brazos para siempre,
que aburrido ya estoy
de las ninfas del alba y del crepúsculo,
y reposar las sienes quiero al fin
sobre la Cruz del Sur
de vuestro pubis aún desconocido,
para fortalecerme
con el secreto ardor de los milenios.

Yo os vengo contemplando
de cuando abrí los ojos sin pensarlo,
y no obstante el tiempo ido
en verdad ni siquiera un palmo así
de vuestro cuerpo y alma yo poseo,
que más que los noctámbulos
con creces sí merezco, y lo proclamo,
pues de vos de la mano
asido en firme nudo llegué al orbe.

Entre largos bostezos,
de mi origen me olvido y pesadamente
cual un edificio caigo,
de ciento veinte pisos cada día,
antes de que ceñir pueda los senos
de las oscuridades,
dejando en vil descrédito mi fama
de nocturnal varón,
que fiero caco envidia cuando vela.

Mas antes de morir,
anheloso con vos la boda espero,
¡oh misteriosa ninfa!,
en medio del silencio del planeta,
al pie de la primera encina verde,
en cuyo leño escriba
vuestro nombre y el mío juntamente,
y hasta la aurora fúlgida,
como Rubén Darío asaz folgando.

Los engranajes

Por ningún lado puedo mirar aún
los modales del engranaje finos,
aunque más día y noche aquí los busque
entre miles de máquinas flamantes,
que la fábrica cada rato engendra
por aligerar el trajín del globo;
mas en vano ya fuera
si acaso descubriera acá en la vida
el perfecto engranaje codiciado,
tarde sería para ensamblar todo,
que como piezas sueltas,
del cuerpo y alma cuánto quedaría.

Estas grandes máquinas ya dos siglos
sus invenciones nunca ceder quieren,
ocultando a los astros celosísimas
la cerúlea mecánica que gira
cada sinfín tornillo del planeta,
bien de hierro inoxidable, bien de carne;
y a quién eligirán

éstas que esquivas son hasta la muerte,
más que vírgenes bellas pudorosas,
guardando bajo tutelares níqueles
el pubis del piñón,
que no engrana con desdentada rueda.

Así me paso día y noche siempre,
tentando por doquier coronar
los actos cotidianos intrincados,
y alguna vez en el mundano vientre
de un simple mecanismo entrar feliz
para alimentar yo también al globo;
y si andando los años,
las tuercas mías no embragaren nada,
cómo quedaré, ¡ay Dios!, desconectado,
más mísero que bruto, piedra, planta,
quienes ufanos viven
cada cual cuán seguros en sus reinos.

Ya poquito siquiera engargantarme
a la invisible rueda de los antros,
al fin a la par del tornillo aquel,
que nace, vive y muere inoxidable,
suavemente cual amarilla seda,
por ordenanza de los cielos ciega;
pues soy acá cuán célibe,
aguardando que algún herrero engrane
un borde mío al hemisferio ajeno,
para que vuele, corra o nade al fin,
entornillado yo
al aire, tierra o aguas. Así sea.

Sextina de los desiguales

Un asno soy ahora, y miro a yegua,
bocado del caballo y no del asno,
y después rozo un pétalo de rosa,
con esta ramas cuando mudo en olmo,
en tanto que mi lumbre de gran día,
el pubis ilumina de la noche.

Desde siempre amé a la secreta noche,
exactamente igual como a la yegua,
una esquiva por ser yo siempre día,
y la otra por mirarme no más asno,
que ni cuando me cambio en ufano olmo,
conquistar puedo a la exquisita rosa.

Cuánto he soñado por ceñir a rosa,
o adentrarme en el alma de la noche,
mas solitario como día u olmo
he quedado y aun ante rauda yegua,
inalcanzable en mis momentos de asno,
tan desvalido como el propio día.

Si noche huye mi ardiente luz de día,
y por pobre olmo olvídame la rosa,
¿cómo me las veré luciendo en asno?
Que sea como fuere, ajena noche,
no huyáis del día; ni del asno, ¡oh yegua!;
ni vos, flor, del eterno inmóvil olmo.

Mas sé bien que la rosa nunca a olmo
pertenecerá ni la noche al día,
ni un híbrido de mí querrá la yegua;
y sólo alcanzo espinas de la rosa,
en tanto que la impenetrable noche,
me esquiva por ser día y olmo y asno.

Aunque mil atributos tengo de asno,
en mi destino pienso siendo olmo,
ante la orilla misma de la noche;
pues si fugaz mi paso cuando día,
o inmóvil punto al lado de la rosa,
que vivo y muero por la fina yegua.

¡Ay! ni olmo a la medida de la rosa,
y aun menos asno de la esquiva yegua,
mas yo día ando siempre tras la noche.

EN ALABANZA DEL BOLO
ALIMENTICIO
[1979]

Donde empieza la gordura

No flacas acá, no, mas solamente gordas,
e igual que aquél y el otro vivo o inanimado,
el peso acumular sobre la superficie
del liviano papel inmaculado al máximo,
       y al fin por una vez
ocupar este espacio por los dioses guardado.

Porque del mismo trazo primero de la pluma,
peso de fuera y dentro pasó a feliz calígrafo,
que no codicia nunca ni pizca de grosor,
aunque la cosa escrita sin cesar se le expande
       por cardinales puntos,
como un vasto volumen de cien mil kilogramos.

Si bien alimentadas por opulentas musas,
 ¡ay enclenques letricas, esqueléticas letras!,
hasta ahora no alcanzan el físico celeste,
que por derecho todos poseen en el orbe,
       como flor, piedra o pez,
cada cual con buen ceño por su grosor soberbio.

Para qué comer, pues, fricasé de abecé
entre cuna y sepulcro mañana, tarde, noche,
si ni una vez tan sólo la cosa escrita acá
bajo el poder ajeno de la rica gordura,
    y en cambio a duras penas
sobre sí sosteniéndose en el ámbito inmenso.

Dónde, ¡ea pesaletras!, finalmente obtener
átomos de grosura para estas pobres mientes,
antes que soplo austral, como paso del tiempo,
raudamente las borre de la ruin superficie,
    y crucen por el mundo
menos que gusanicos por entre el frío suelo.

Que peso ayer lejano y tan apetecido,
pase de mano a pluma y désta a letra toda,
para que cuerpo cuaje sobre blanco papel,
equilibradamente a través de sus miembros,
    extendiéndose altivo
más allá de los vivos y los inanimados.

¡Basta cuerpo de letras flaco! Nunca jamás
por los alrededores del mundo sublunar,
en donde lo incorpóreo y visible gobierna,
y quien no tiene peso ni de liviana pulga,
    por la existencia pasa
como el abandonado eterno de los cielos.

La torre

¡Bah!, no
del cardo
la púa,

mas sí
de rosa
el polen

rigiendo
al gran
mortal

de cuna
a tumba
forzoso,

tal era
la moda
o rango

y aun
la ley
suprema

acá,
allá,
eterna;

y ¡bah!
ni luces
de día,

ni suave
el aura
rozando,

ni ruido
sonoro
ni olor

metidos
entrambos
a fondo,

de flanco
a flanco
del alma;

¡bah!, para
qué pues
seguir

viviendo
si no
ser nunca

por una
vez sola
en siglos,

¡bah!, aquel
en quien
la rosa

derrama
su polen,
¡bah! Amén.

Boda de la pluma y la letra

En el gabinete del gran más allá,
apenas llegado trazar de inmediato
la elegante áurea letra codiciada,
aunque como acá nuevamente en vano,
o bien al contrario,
que por ser allá nunca más esquiva.

En cielo o infierno sea escrita aquella
que desdeñar suele a la pluma negra,
quien en vida acá por más que se empeñe
ni una vez siquiera escribirla puede,
como blanca pluma
por entre las aguas, los aires y el fuego.

Esa pluma y letra, antípodas ambas
en el horizonte del mundo terreno,
que sumo calígrafo a la áurea guarda
para el venturoso no de búho vástago,
mas de cisne sí,
que con ella ayunte del alba a la noche.

Aunque en más allá y con otra mano,
trazar en los cuatro puntos cardinales
letrica montés, aérea y acuática,
conquistando el mundo de un plumazo solo,
    y así poderoso
más que hijo de cisne de la prenda dueño.

Aquella que nunca escribir se pudo
por los crudos duelos de terrena vida,
feliz estamparla en el más allá
con un trazo dulce, suave y aromático,
    por siglos y siglos,
y en medio del ocio acá inalcanzable.

Allá en el arcano trazar una letra,
y tal olmo y hiedra con ella enlazarse,
dos esposos nuevos muy frenéticamente,
en la nupcial cámara ya no frigorífica,
    y la áurea letra
escribirla al fin con la pluma negra.

Farewell to poetry

En nudo no de cuerdas, mas de fuego,
ni de cintas ni de hilo ni de fibras,
mas nudo de aire o agua al infinito,
con la venia del cielo eternamente
contigo entralazado estar quería
más que el olmo y la vida en la floresta.
                        Y en vano te rogaba.
como una idea fija en las entrañas,
desde la cuna a hoy sin eco alguno,
tal si la pura nada fuera término
del ansia de nadar, volar y andar
por los puntos del mundo cardinales,
en los feudos del día y la noche,
de dentro a fuera, o viceversa, alegre,
firmemente estampado como sello
a tu soplo y tus ancas sobre el lecho,
sobre las blancas páginas del libro,
en la suprema ligazón del día,
como aquel gran poeta, aquel amante
que desde la mañana hasta la noche
va escribiendo, va el amor haciendo

118

tendido a la intemperie acá o allá
bajo el buen o mal ceño de las nubes.
                    Y sanseacabó.
Que ya me aparto repentinamente
y me voy como un pobre borriquillo
expulsado del resto de los brutos,
en definitiva solo por los campos,
desligándome de ti, ¡ay musa mula!,
de tu soplo y tus ancas para siempre,
que nunca mía fuiste por más que hice.

La presa de carne que no se deja comer porque piensa en otro bolo alimenticio

Desde cuando los cielos te sirvieron
en la mesa del ágape supremo,
no has dejado mañana, tarde, noche,
en dedicar la pulpa de tus mientes
a aquel mancebo bolo alimenticio,
en donde ensalivada fuiste ayer;
y cada vez más dura te compartas,
aunque tu blanca carne tierna sea,
pensando no más en tu pastor gástrico,
pese a que con desgano sazonárate,
cual insignificante solomillo,
dejándote en el plato de repente
por ser tú para él poco apetecible.
Pero prefieres todavía ahora,
de tu amado el eructo desdeñoso,
y nunca el triste ruido rechinante,
que destas pobres tripas sonará,
por no haber en su bolo alimenticio
ni un trozo de tu pulpa eternamente.

¿Cuándo sin ligaduras...?

¿Cuándo sin ligaduras finalmente
bajo el sumo albedrío deleitoso,
de arriba abajo o viceversa libre
de amurallado alcázar terrenal,
y entre las ondas nunca más ocultas?
Ni un átomo mudar
en ave o pez siquiera,
sino en aire y en agua, y nada más,
bajo sus fachas qué importa metido,
aunque ni pizca sean ni un segundo.

Y en esas ligerísimas mil ondas
sueltamente a lo lejos para siempre,
como entre Orión y Tierra tan distante,
de kilo y litro y metro conteniendo
atroz infierno o insondable nada,
pues todo aquello sea
sólo recuerdos vagos,
y en un punto visible a duras penas
allá alcanzar feliz el paso errante,
que ajeno fuera en este bajo mundo.

Del día y de la noche libremente,
en donde cada sombra es pura luz,
eternamente en vela allí o soñando,
u otra cosa, que igual será por cierto,
disfrutando la rica vida nueva,
que henchida se presenta
como un Monte de Venus,
de lo que nunca comido acá en el suelo,
por soñar siempre en vano a cada rato
el deleite en los cielos encubierto.

Eso y no otro por una sola vez,
y a plenitud allá recuperando
el acuático, aéreo y campal tiempo
acá perdido entre los kilos mudos
y metros ciegos y cojuelos litros,
que si en una y otra onda
de aire y agua mañana,
y menos de un instante, ¡santos cielos!,
eterno fuego en ambas, no de leño,
mas sí de vida no vivida ahora.

La presa de carne que aspira a un bolo alimenticio de mejor alcurnia

En realidad cual muchos también trago
la pulpa que me toca de la carne
en el reparto de los comestibles,
aunque no a gusto de ella se le ve
cuando a diario voraz me la manduco,
en razón de que la res de mi pulpa
es de mejor estirpe que la mía,
según me hace sentir cuando trituro
su tierna carne blanca tan ajena,
que ni una sola vez está conforme
en dentro de mi bolo alimenticio,
que por más que se amolde día a día
a cada circunstancia de la pulpa,
extraño es uno y otro sin cesar,
cual dos contrarios polos para siempre.
Mas, Dios mío, por qué tal infortunio,
pues mejor hubiera sido una piltrafa,
que los felices dejan en su mesa,
y nunca tu filete apetecible,
cuya pulpa parece que pensara

que estar entre mis brazos —perdón, digo—
en el buen bolo alimenticio mío,
es una cosa de muy poca monta.

Que muy pronto mañana...

Que muy pronto mañana, y no más ya,
volar suelto por el etéreo claustro,
y al ras del agua y del voraz fuego,
bajo el gran albedrío deleitoso
de las cien mil partículas ocultas,
y deste bulto al fin sin nudo alguno,
liberado de litros,
metros y kilos viles,
que tras de tales cosas sólo hay,
como aferrado a las entrañas hondas,
atroz infierno o insondable abismc.

Estos trabajos tan mortificantes,
y nunca nada bien por más empeño,
malgastando los días de la vida
en vela y aun en sueño atesorado,
por relatar en elegante verso
inalcanzable amor, y no poder,
que codiciarlo fiero
día tras día en balde,
en tanto entre los vientos hacia el Sur,

desesperadamente sin vivirlos,
los dulces ratos se van uno a uno.

Y todo ello que permanezca allá,
tal como amurallado alcázar lejos,
en cuyo sitio sepultado yazga
el cuerpo dese bulto ya sin alma,
que conoció tan sólo la querella
desde la cuna al último suspiro,
por venturoso en vano
en los senos del orbe,
pues todo ello recuerdos vagos sean,
no en seso ahora azul eternamente,
sino entre tantos versos mal habidos.

Nunca más en el crudo suelo aquel,
y en cambio remediado acá vivir
gozando todo el tiempo ayer ajeno,
en dentro de las ondas dondequiera
de fuego y agua y aire no visibles,
por vez primera conociendo así,
bajo el sumo linaje
de faz entreverada,
todos los seres mudos de aquel suelo,
y en compañía finalmente habiendo
los deleites del cielo allá encubiertos.

Cama de Occidente

Dejadme, Señor, al final siquiera
por alguna vez acá en las alturas,
así afortunado antes de la muerte
yacer en la ajena cama pirenaica,
    y en nubes flotando,
como si estuviera junto a las estrellas.

En ánima y cuerpo, aunque fugazmente,
acostarme azul sobre el colchón puro,
en la gran mitad donde no se oculta
el sol de la noche ni del día menos,
    y lo atesorado
para el más allá allí conquistando.

Que en ese por vos predilecto punto,
más que mauritana cama eternamente,
hasta este momento nunca yacer puedo,
como el sublunar bienaventurado,
    que liberal entra
y sale después hacia otras esferas.

Si gozoso allí ni vil muerte ya
cambiarla podrá por la tumba fría,
pues como en nido ave o en líquido pez,
sobre las bruñidas superficies suaves,
    espejos sin par,
amar hasta el último suspiro. Amén.

Dejadme, Señor, una vez siquiera,
y vueltras mil mieles lamer como can,
tan sólo dorados cabellicos largos
o de blancos senos huellas ambas tibias,
    por entre los linos,
que mucho pedir acaso es tal cosa.

Acá vuestros dones dejo por doquiera,
bien ondas de aire, bien ondas de agua,
y aunque no más vuele y tampoco nade,
por escalar tal almenado alcázar,
    y alcanzar al fin
la mitad oculta del supremo punto.

Una y otra pasa, y en polvo se muda
pirenaica cama codiciada en vano,
día y noche siempre cuánto inalcanzable,
que de cuna a tumba sin yacer en ella,
    y nunca mirar
del Monte de Venus la luz de Occidente.

La búsqueda

Y por debajo de las yertas hojas,
entre las destemplanzas procurando
un paraje extendido suavemente
de agradable verdura donde estar
sin más fatal estorbo y sosegado
alguna vez al fin siquiera en vida,
y soñando o en vela
en el florido llano
a los sentidos grato,
que de mí lejos aun desde la cuna
hasta este mal instante justamente,
y sólo tal lugar
por sobre todo busco,
en donde discurrir mejor que el río,
más claro que sus cristalinas aguas.

O reducirme en átomos de súbito,
hasta meterme dentro de un capullo
de la amarilla rosa inalcanzable,
y en tales olorosas cavidades
venturoso habitar eternamente,

tan igual en materno claustro ayer,
y desde allí mirar
cómo el cordero come
el espiritual pasto,
a los pies de la alondra cautivante,
cuyos cantos jamás oídos antes
penetran dulcemente
por los sentidos ávidos
de aquel cordero que no es otra cosa,
que el alma mía suelta por los campos.

Si alcanzar el paraje codiciado
donde no haya la guerra de las horas,
qué me vale si allí no existe causa
en cuerpo y alma deleitosamente,
para dar voces al festivo día,
y así salvarme de los perdimientos,
que una ninfa aparezca
entonces por ensalmo
no de ríos o bosques,
sino bajando desde la alta bóveda,
como la especial ocasión jamás
vista en terrena vida,
y me remedie al fin
a la luz de sus cóncavas entrañas,
que es razón para el lastimado ser.

Que tantos años aguardar a dama
por invisible escala descendiendo
allá del cielo entre los nublados,
como cuando recién el mundo se hizo
y desde arriba abajo así viniendo
campales y volátiles y acuáticos,
que aunque de mí lejana
en un remoto sitio
irradiando luciente
como luna de día y sol de noche
en un inmenso valle de delicias,
y aunque acá contemplarla
por un instante solo,
y perderla de vista luego presto,
mas de nuevo mirarla allá en la muerte.

En tal paraje por completo ameno,
asiento de tan grande soberana,
la historia de los días sólo son
pasados daños y presentes bienes,
que sin duda victoria nunca habida
en el áspero curso de los astros,
donde en cerco yacer
de lumbres venturosas,
y al albedrío allí
de día y noche sin saber viviendo
si despierto o no, que lo mismo da,
y el sol y las estrellas
iluminando a ninfa,

que no sólo tal, mas alondra y rosa,
mudando en vela o sueño entre las breñas.

Y todo surge en este bajo mundo
cuando sin esperanzas yo vivía,
de tener un paisaje frente a mí,
verde llano apacible y sonoroso
por pájaros y fuentes y la voz
de la constante dueña de mi alma,
que no sé si tal cosa
materia es deleznable,
y al final puro polvo,
o bien por el contrario punto sumo
no de la clara luna desprendido,
sino del propio empíreo,
y en orbe entreverado,
que cielo y suelo unido eternamente,
en donde ninfa es absoluto dueño.

Estadio Vaticano

Los jugadores de fútbol
a sus camarines vuelven,
paso a paso cabizbajos,
trémulos y sollozando
por entre las viejas ruinas de Occidente veneradas
y la chusma de poetas tan seguros de sí mismos,
levantadores de pesas, diplomados en gimnasios,
soberanos del amor, del dinero y la salud,
que ferozmente se burlan
del sensible futbolista,
legislador del planeta
por mandato de los cielos,
pero que pierde la bola cristalina de la suerte,
empujada por los austros hacia el arco solitario,
cuyos palos de repente en un atril se transforman
para el libro del fornido, mas sin alma, ruin poeta,
que no vela ningún arco
y sí desdeña a quien vive
como vos a duras penas,
guardameta, centroforward,
en este de pan llevar áspero campo del mundo,

desde la cuna a la tumba sufriendo calladamente
de la vana chusma aquella qué de silbos afrentosos
por la súbita derrota de seis goles contra cero
　　en el preciso momento
　　de pasar del Paraíso,
　　una noche de setiembre,
　　al Estadio Vaticano.

Canción en alabanza del bolo alimenticio y en reprimenda del alma

¡Oh inmortal alma mía delicada!,
que desligarte quieres prontamente
y retornar arriba como un rayo
entre las nubes que ya tú conoces,
y al cabo esta morada abandonando
como si cárcel tenebrosa fuera;
pero antes de partir
recorre con la vista los confines
del cuerpo que despedazado cae
bajo el odio de la enemiga edad,
y piensa no más por alguna vez
como cosa de ti consubstancial,
en esa esfera del oculto cielo,
que es la secreta fuente
de todas las delicias terrenales,
aunque tan sólo creas
tu mayor deshonor en este suelo,
porque corrompe en heces sus despojos.

Sábeslo tú, alma mía, que acá reina
la bola de alimentos soberana

entre pecho y espalda día y noche,
halando del sabor el propio peso
hasta la tumba con denuedo máximo,
y no las invenciones del deleite;
que acaso no te pasma
observar cómo nace, vive y muere,
en la región del vientre luminosa,
la sacrosanta acumulación diaria
de pan, cebolla y carne entreverados,
y ante todo de asaz rico pernil,
por rueda de fortuna discurriendo
de la cuna a la tumba,
que ni una pizca vale para ti ello
por ser perecedero,
menos diáfano, cuanto más carnal,
y de ti diferente por los siglos.

Y el claustro corporal ya se dilata
no por el bulto que ajeno allí yace,
sino a causa del bolo alimenticio
dividido en iguales hemisferios,
que va maquinalmente circulando
tras la hora de la satisfacción
del dilatado ayuno,
desde el primer bocado inesperado
entre tinieblas de setiembre al fin
cuando a vivir empieza por ensalmo
detrás de la corteza marchitable
bajo el cielo de día y noche claro,
y entre los cuatro puntos cardinales

ya por primera vez
la alegría voraz de estar comiendo
durante el fugaz viaje
y hasta en el más allá perennemente,
y henchido sólo deste pan llevar.

Si émulo de las acumulaciones
del porcino viviente solitario,
y a la par en la suave redondez
donde las presas se entreveran todas
para luego ser argamasa y cal
en el alcázar de los vertebrados;
pero aquel puerco espín
nunca primicias, mas basura come,
ajeno a la ley del olfato y gusto,
que tú, alma mía, deleitosa impones
entre buenos modales en la mesa,
cuando con amor un potaje eliges,
como si carne de tu dama fuera,
pues las presas no sólo
cimientos son de lo visible acá,
sino igual sostienen
más allá del espacio que te alberga,
la transparente tela que tú eres.

No esquiva seas fieramente ahora
de aquel vecino tuyo infortunado,
que en vil escoria siempre se deshace
desde la cuna oculto sin remedio

entre los cien mil átomos efímeros,
tan lejanas antípodas de tu ser;
y nunca más remisa
en ofrendarle tu predilección,
que los pequeños trozos deleznables
no tal cosa son, mas soberanos sí.
en el primordial acto doblemente
de la causa voraz de cada cuerpo
y el ansia de vivir de cada alma,
que todo ello a la vez
por la pura necesidad ocurre
abajo en este suelo,
hasta que te desligues de repente
y volando retornes hacia arriba.

Este de vitaminas disco solar
despide rayos del sustento único,
al salir en el centro del estómago,
alegrando por dentro el mortal cuerpo,
como cuando los campos se iluminan
al albor de la aurora tras la noche;
por qué, pues, alma mía,
menosprecias por cuánto inconsistente,
a la fúlgida esfera comestible,
que desde el firmamento estomacal
resplandece hasta tu intangible bóveda,
y no percibes que más tú disfrutas
cuando el alimenticio bolo aumenta
el agua y aire y fuego
de la naturaleza de tus reinos,

y las grandes delicias
gozas entonces como eterna vida,
en virtud de tan sólo lo comido.

CANCIONES Y OTROS POEMAS

[1983]

El ansia de saber todo

Este seso que vergonzoso va
rodando por la esférica corteza,
que ni una vez siquiera
ascender pudo a la celeste bóveda,
ahora desde la corporal cárcel
mira con infinita envidia siempre
el don alado ajeno,
lejos como la luz de las estrellas;
y aunque ya poco tiempo por delante,
a lo menos alguna vez volar
entre aquellas montañas empinadas
de antiguos libros de la ciencia humana,
y saber qué es un triángulo equilátero;
pues la caducidad
en el vientre se esconde de un gusano,
mientras éste vacila
si carcome los libros finalmente,
o bien al lector lerdo sin remedio.

Allá hacia el éter el entendimiento
sobre las altas nubes venturoso,

emprende raudo vuelo
como un ave que de onda en onda sube
las alturas del firmamento intrépida,
hasta observar la cúspide invisible
que emerge de los reinos
del terrenal planeta misterioso,
y enterarse de todo de una vez:
cuál es la fuente y cuál es el Leteo,
y en qué punto del universo azul
la inalcanzable ninfa será hallada
(aún no vista por la mente obtusa);
y antes de oír atónito
el ruin ruido del río tenebroso,
por último saber
si el amor que acá empieza en cuerpo y alma,
en tal estado seguirá en la muerte.

Quizás es mucho codiciadas alas,
tras vivir como inmóvil topo abajo,
que basta ser la rama
por el suelo reptando con sigilo,
y los cimientos descubrir del orbe,
donde el trébol es un vestigio extraño
que crece solitario;
y el tronco de la mente ya madure,
como la planta que por vez primera
prende en el Edén y perdura siempre,
y sea el tallo del saber erecto
penetrando la carne de la vida,

y el soplo que lo anima sin cesar,
bríos incandescentes
del deleite que ayer esquivo fuera,
saturando hondamente
los días que aún faltan discurrir,
leyendo y copulando como nunca.

Entonces he aquí un arbolado cráneo
y largas ramas que se multiplican
por las extremidades,
al soplo de los vientos transparentes,
en varias direcciones al instante,
como si subsanaran lo perdido;
que los bienes huidizos
asidos serán por los verdes miembros,
entretejiendo el cuerpo y alma y mundo
en perfecta guinarlda hasta la muerte,
y ciñendo por último la vida
en el disfrute de la carne frágil
y del eterno espíritu voraz,
entre el suelo y los cielos,
en un girar continuo (y viceversa),
que a lo menos haber
desde ahora un atisbo luminoso
de dónde, por qué acá, y adónde vamos.

Mas las extremidades no de planta,
sino aquellos tentáculos de pulpo,
día y noche afilados
por el mental tridente poderoso

y empecinado en el correr del tiempo
por entrar en el reino de los mares;
y fiero osar entonces
contra el ultraje del arcano acuático,
que sus ricos tesoros los reserva
para los primogénitos del hado;
y mediante los vívidos tentáculos
sacar las ricas prendas de los antros,
por mil mantos de erizos encubiertas;
y la frente adornar
de la invisible ninfa inteligible,
con agrisadas perlas,
tan recónditas como refulgentes,
y no con ovas por el mar echadas.

Pues tentacularmente por entero,
para entrar en el insondable océano,
y saber con certeza
si principio y final de todo sea,
cuando el río acarrea las cenizas
al valle submarino inexpugnable;
y dejar ya la obtusa
escafandra al pie del acantilado,
por artificial y perecedera,
que nunca ha descendido hasta los fondos,
en donde un bulto de color rojísimo,
como un arbusto en llamas bajo el agua,
o enigmático émulo sin par
del sumo don sanguíneo,
que tal es el coral resplandeciente,

cuya encendida copa
no sólo raíz del terrenal árbol,
mas espejo también de ardiente amor.

Estas alas y ramas y tentáculos
con sentimiento abrazan a la vez
el aire, fuego y agua,
en vela y aun durmiendo día a día,
al obrar y pensar avaricioso,
con talante tal por lo menos antes
del fin inoportuno,
que así pieza por pieza escudriñar
en alegre ejercicio de continuo
de un confín a otro en círculo cerrado
en la usanza mejor del intelecto,
con persistencia tal, que el gran misterio
se revela en la palma de la mano,
anticipadamente,
al penetrar el trifurcado espíritu,
mañana, tarde, noche,
la esférica corteza, el seno acuático,
y del cielo la bóveda celeste.

Canción, si bien en las postrimerías,
y hasta ahora jamás
ni diestra pluma ni ilustrado el numen,
que te procrean en el vasto mundo;
mas de tu padre cuán diferente eres,
y menester no tienes
ni de alas ni tentáculos ni ramas,

que acá te basta honrar
la infelice memoria del perito
en la más pura nada. Sea así.

Villanela

Llevarte quiero dentro de mi piel,
si bien en lontananza aún te acecho,
para rescatar la perdida miel.

Contemplándote como un perro fiel,
en el día te sigo trecho a trecho,
que haberte quiero dentro de mi piel.

No más el sabor de la cruda hiel,
y en paz quedar conmigo y ya rehecho,
rescatando así la perdida miel.

Ni viva aurora, ni oro, ni clavel,
y en cambio por primera vez el hecho
de llevarte yo dentro de mi piel.

Verte de lejos no es cosa cruel,
sino el raro camino que me he hecho,
para rescatar la perdida miel.

El ojo mío nunca te es infiel,
aun estando distante de tu pecho,
que haberte quiero dentro de mi piel,
y así rescatar la perdida miel.

El jardín en casa

¿Por qué, Cloris, no más te preocupan
aquellas rosas que en el jardín crecen
y los naranjos que sembró tu mano
el estío pasado como indicio
de tu paso acá sobre el gran planeta,
o desa tu hermosura humana espejo?
Que sólo atiendes diligentemente
las numerosas flores y los frutos,
cuyos retoños de primor sin par
bajo tu fiel cuidado
maquinalmente crecen satisfechos,
en tanto no percibes
por tus alrededores nada nunca,
ni la respiración de quien sí te ama.

Sin más discernimiento entrelazada
a cada planta yaces en la cama,
que a como pequeñuelos les das vida,
y tu desvelo son a cada rato,
mirando sólo el olmo y yedra unidos,
que a través de la casa van creciendo

consigo mismo tan felices ambos,
que tú los siembres, riegues y cultives
con el saber infuso de tu espíritu,
tan sobreabundante,
y el remanente tiempo consagrándoles
de tu grata existencia,
siendo para ti cada planta inerte,
como el sol en la bóveda celeste.

Es el soñar en el perdido Edén,
que te instiga a mudar tu oscura casa
en grande y luminoso invernadero,
floreciendo al compás de tus suspiros,
en medio del cual tú soberbia reinas;
y todo lo que a la intemperie yace
más allá de tu imperio soberano,
es de la vida deshonor inmenso,
y ruines cosas cuán repudiadas,
porque tus bellos ojos
hacia allí no dirigen sus miradas,
y en vez dello penetran
en la corteza del preciado roble,
hasta hacerlo el más venturoso ser.

Nunca se sabe si las cien mil plantas
a ti te instigan a portarte dura
justamente con quien te adora tanto,
o si tú empecinada las induces
contra él y contra los vivientes todos;
y bajo tu reinado van medrando

con los supremos dones que te adornan,
y como tú así pueden en la tierra
ya ver, tocar, oír, gustar y oler,
mientras la tierna yedra
inclínase ante ti con humildad,
y las ramas del olmo
te ciñen fuertemente día y noche,
con ardor tal en planta convirtiéndote.

Como la engendradora de las plantas,
arrobada mirándolas en éxtasis,
y los inertes seres igualmente
los invisibles ojos en ti fijos,
y ellos como tú cuán indiferentes
a todo lo que pasa en el redor,
constituyendo un solo rostro unido
entre tú y cada planta misteriosa,
hasta no distinguir si eres tú, Cloris,
dama de carne y hueso,
o una rosa sembrada por tu ciencia,
que misteriosamente
por la vida discurre en breve lapso,
tras lo cual su faz pasa a ti por siempre.

Así en reina del mundo te conviertes,
porque juntas tu célebre beldad
a la de la amarilla flor radiante,
y nacimiento das a un nuevo ser,
que eres tú misma, más híbrida óptima,
mitad flor, mitad dama enteramente,

alterando la vida por los siglos,
sus inmutables reinos y sus leyes,
por solo tu amor a las verdes plantas,
que muy probablemente
de ti ni lo más mínimo conozcan
y menos desde luego
tus constantes desvelos por sembrarlas
y regarlas y en ellas transformarte.

Y cada una de las miradas tiernas
que a las plantas diriges día a día,
como una mortal cosa le resulta
a aquel que allá en la sombra de la casa
te ama y contempla silenciosamente,
y no la retribuyes la mirada,
pues absorta estás en el otro reino,
como si allí te hubieran acunado
las hojas de los árboles tupidas,
y eres como sirena,
mas en vez de argentado pez presentas
rosa encarnada abajo,
y así te mira el que desdeñas fiera,
mitad flor, mitad dama, y ambas tú.

En vano, Canción, estos pensamientos
del bosque en lo recóndito proclamas,
que allí la ninfa no se trueca en flor,
y tan fiel se conserva
por dentro y fuera para quien la adora,
aunque en la faz del río

154

a dama mire intempestivamente
del olmo enamorada,
y entretejidos hasta las raíces,
como un solo ser bajo el firmamento.

A las ruinas de un primogénito de Itálica

La primogenitura desmochada,
qué tristeza mirarla de tal modo
en las postrimerías,
que la rueda de la fortuna cruda
ayer, hoy y mañana sin cesar
hora a hora la deja cuán fruncida;
y segundón ahora,
contrariando la ley divina acá
en madrigueras, minas y jardines;
y los mejores días malgastando,
que ni poder siquiera
recuperar un átomo pequeño
de las dádivas dadas,
al final por entero ajenas siempre
por terrenal mandato inexplicable.

El inicial compuesto procreado
por la pareja amante sacrosanta,
y como anillo al dedo
en un acto feliz de amor supremo,
la celeste porción introducida

allí en el ensamblaje principal,
en donde el cuerpo y alma
se reúnen y nace el ser primero,
en la posesión de las opulencias
de minerales, plantas y animales,
para el deleite inédito,
que acá a gozar se empieza paso a paso,
como el claro lucero
de la mañana al mundo revelando,
que a la pena la dicha sobrepuja.

Mas tan sólo la aurora luminosa
en la flamante cuna y esmaltada,
y después el ocaso
durante los torneos de la vida
en la cámara vasta y frigorífica
cuando por obra del avieso azar
tan postrimeramente,
porque ha mudado sin demora alguna
cada dote de gran tamaño y peso,
en defecto de iguales proporciones,
que reduce en un tal
vástago no de luces, mas tinieblas,
truncado por los siglos
de arriba abajo trozo a trozo todo,
hasta ser menos que segundo acá.

Como un antiguo alcázar en escombros,
yace cubierta de abundante musgo
en el valle sombrío,

la primogenitura ayer radiante,
al ras del suelo totalmente hoy,
por culpa del entendimiento obtuso
y nada esplendoroso,
por ser sede de mustios pensamientos
que no cuajan y yacen en añicos,
mirando el orbe como oscuro reino
donde hasta los patógenos
son soberanos que dominan fieros,
como si el deterioro
prima y postrera causa fuera siempre,
y no la eterna y celestial salud.

Las proteínas tan fundamentales,
allí en las entretelas dondequiera
bajo cuyo gobierno
acá todo discurre por entero,
tanto el cuerpo alejando sus cenizas,
cuanto el alma celeste alimentándose;
mas tales bienes máximos
en segundones ínfimos se tornan,
y así ya el primogénito no es tal,
sino a la zaga continuadamente
por aquel torcedor
azar de los cien mil metabolismos,
que el temple no se forja,
ni se corona amor en cuerpo y alma,
y se cierran las puertas del gran Fisco.

El sol baldado oculto entre las nubes,
y en canícula de truncados rayos,
que el astro rey venido
a menos desde arriba y sin remedio,
como el águila, el oro y el león,
hacia abajo rodando cada cual,
y desapareciendo
no tras el horizonte en lontananza,
mas dentro del adoquinado efímero,
cuyo seno los traga para siempre,
como un detrito más,
entreverado con el suelo impuro,
de donde nadie puede
recuperar la alteza desmochada,
y dejar de ser lisa superficie.

Este príncipe mudo, sordo y ciego,
y como tal ahora sin poder,
ni jamás escalar
aquel monte de Venus codiciado
y menos descender a las honduras
del ánima allí por debajo oculta,
ni en vela ni durmiendo,
que el ocaso del sol contempla sólo,
cerca de la lechuza que fue águila,
envuelto por el barro hasta ayer oro,
y destronado en fin,
como un león herido entre las crines,
de la senda apartándose,

con paso elefantino lentamente,
por segundón ahora en la floresta.

Los engranajes de la cruda máquina
traban al que primero feliz llega
de día o noche acá,
que ni la menor pieza niquelada
manejar puede de la cuna a tumba,
como si llave fuera del planeta,
ni abrir la postrer puerta,
y remontar los cielos infinitos;
que en cambio yace en la vetusta casa,
y en la sala recóndita encubierto,
en donde vergonzante
por ser perito en absoluta nada,
a los pies del robot,
que por encima del ferroso hombro
lo mira con el frío desdén de hierro.

¡Oh niquelado ser como el rey sol
en la bóveda azul ayer brillando,
y en sazón sus mil piezas,
y discurriendo impávido y alegre,
porque en el postrer día no lo asedian
ni microbio antes ni carcoma luego!;
en tanto el despojado
nerviosamente lo escudriña atónito,
sección a sección y aun el ensamblaje,
por cierto mucho menos misterioso
que aquel del alma y cuerpo;

mas el hijastro de la tierra firme,
y del agua y del aire,
llora en silencio la fortuna adversa,
y envidia a su vecino hasta la muerte.

Que ya no la ley de la apicultura
día y noche rigiendo alrededor,
sino sólo el recuerdo
del colmenar a orillas del jardín,
cuyas abejas al zumbar cercanas
la cuna amurallaban suavemente
con acendrada miel;
y he aquí la amargura que enflaquece,
por el mayor desaire sublunar,
pues durante centurias ni siquiera
un panal pequeñísimo
para endulzar el agrio sabor último,
y entre la cuna y tumba
el paladar humano sumergido
en las atrocidades de la hiel.

Allá papá y mamá tan tristemente
al cabo de los años comprobando
tamaña decadencia
del magnífico vástago primero,
y otro nuevo dolor
por el hecho ya sin remedio ahora;
que nunca más los mimos combustibles.

Lo intempestivo

E intempestivamente dondequiera
se esfuma como soplo irrevocable
la hebra del vivir nuevo y poderoso,
cuando recién feliz uno se siente
en el preciso instante coronado
no de rayos solares, mas tentáculos,
fieramente anhelando
que la fugacidad
del tiempo no tal sea,   .
para que el alma aún en el planeta
se eleve hacia la bóveda remota,
y torne al suelo más enriquecida,
y por anticipado
vislumbre de los cielos el fulgor.

Que la atrocidad del postrer momento
desbarata del todo sin remedio
el jardín de las máximas delicias
tan laboriosamente cultivado,
con tesón entre los espinos fieros
de una y otra estación descomunales;

y el sacrosanto gusto
en la escala mayor
de la unión amorosa,
violentamente interrumpido allí
en el monte de Venus ascendiendo
las alturas supremas día y noche,
de donde se contempla
la esfera no terrena, mas celeste.

Y es pesaroso caso inigualable
que la sazón resulte desmochada
de un solo guadañazo inesperado,
y en montón de viscosa nada mude,
entre el suelo y el cielo diluyéndose,
como si vano fuere tanto empeño,
por descubrir también
la fórmula secreta
de la exquisitez tal
al ejecutar cada cosa a diario,
para que sea la predilección
en todo reino natural arisco,
y el primor de uno llegue
al paladar del pez y risco y tórtola.

De la cuna a la tumba codiciando
el sabor concentrado del planeta,
afuera arriba en la mujeril cumbre,
aquí adentro del alma en las honduras,
uno y otro brillando como soles
en la bóveda negra de la noche;

que porfiado intento
en suspenso de súbito,
como si poca cosa,
pues el goce a lo grande del vivir,
esquivo tercamente día a día,
hasta el final suspiro inoportuno,
y tan sólo un vestigio
del único y constante anhelo acá.

Mas tal vez no nefasto instante sea,
y sí en cambio resplandeciente umbral
que deje entrever la sazón celeste,
y en cuerpo y alma las delicias mil,
en medio de la dicha sin medida,
como al Edén primero regresando;
y un bledo importa ahora
que la miel en los labios
allí quede entre sombras,
que más vale por cierto disfrutar
no medias horas ni fugaz minuto,
bajo el asedio de las desazones,
sino contento uno
en concéntricos círculos sin fin.

Canción, no atraigas, no,
tan temerariamente
en este feliz día,
memoria de la muerte inexorable,
aunque pronto saber de los arcanos
importa más que toda ciencia ilustre,

y no intempestiva eres,
como tampoco la postrera fecha.

La canción inculta

He aquí que nada sabe y yace inerte
bajo el peso de las antiguas letras,
y perseguida a diario
por invisibles ávidos ojillos
de aquel gusano vil que a la redonda
los pertinentes órganos afina
para engullirse todo;
y no comprende nunca el sumo enigma,
ni de su muerte ni de su existencia,
ni de dónde ha venido y por qué acá,
estrofa tras estrofa,
como si un bledo le importara el fin,
ni descubrir tampoco
que más rápido engulle la carcoma
el pergamino que la carne humana.

En esta lisa superficie a rastras,
y entre los muros de los libros presa,
sin que pueda jamás
empinarse una pizca así siquiera,
menos que liendrecica imperceptible

166

allá en el cuero cabelludo arriba;
¡ay! vástago bastardo
ajeno de los mil conocimientos,
y que no alcanza a descifrar ninguna
de las pequeñas piezas niqueladas,
ni menos por supuesto
las grandes que se yerguen sobre el suelo,
uno y otro gris masa
que a la inspiración sin piedad reduce,
hasta impedir que un rasgo no más sea.

Aunque en verdad en torno con afán
escudriña y tantea hora tras hora,
no la pluma del ave
que primorosamente recortada
para escribir servía noche a noche
en medio del silencio del planeta,
mas tan sólo la eléctrica
máquina reluciente y automática,
suavemente avanzando tramo a tramo
por el papel (ayer corteza áspera);
y la musa no entiende
cómo los dedos tocan cada tecla,
propagando la vida
al ras de las entretejidas fibras,
como entre holandas de la nupcial cama.

Ni un breve gajo logra de las ramas
del árbol numeroso del saber,
que ciñe por doquier

como un bosque de tórtolas y rosas,
donde nunca penetra ni una vez
por sentirse cual hórrida alimaña;
que la canción inculta
inasible entre cielo y suelo huyendo
y mirando de arriba temerosa
al que jadea a ciegas y en ayunas
ante el laboratorio
en que se guarda la encubierta fórmula
química del viscoso
gran magma del planeta ayer apenas
nacido de un liviano soplo azul.

Los dedos agitándose en el aire,
y a espaldas de cada cual a diario
la canción renqueando
afuera sale sin conocer nunca
las cavidades de los alargados
y elevados tentáculos humanos,
que a luz sale por ellos
palabra por palabra al infinito,
sin saber de las huellas digitales,
ni la carne mollar allí anidada,
ni por los rayos X
divisar la silueta inmemorial
labrada como mármol
por las tensiones de la musa coja,
que tanto sufre andando a la redonda.

El alma por doquiera poderosa
como el astro sol, rey del universo,
y bajo cuyo imperio
este verso va y viene cavilando
en ella y nada más que en ella siempre,
en sueño o vela, alegre o pesaroso,
si bien ni el menor punto
conoce de las hondas entretelas,
que son la razón suma de su ser,
inexpugnable a la carcoma cruel,
pues se perpetuará
no en los infolios deleznables todos,
mas en algunas otras
almas que no han nacido todavía,
y le abrirán su seno por entero.

De dentro brota y no retorna más
a ver la senda andada y la primera
fuente de donde mana,
y así la canción no divisa un trazo
siquiera de su causa y su materia,
(aunque sí tal vez de otra cosa mínima);
que el envés de las mientes
no cala, no escudriña, no revela,
y así resulta todo inexplicable
a la sombra de la terrenal casa,
y acaso de algún modo
como un pesalicores obra acá,

que la densidad mide
del rico zumo, mas no reflexiona
si flor o fruto o hierba lo componen.

El verde mirto de la infiel gramática,
en cuyo leño está injertado a fondo
de cuna a tumba siempre
el ser oscuro de la bastardilla,
que las horas discurre sin poder
tocar la raíz, tallo, rama o pétalo,
pues cuánto disonante
como si el pez y el ave repelidos
por el aire aquél y las aguas éste,
no aceptados por el ajeno reino,
que el hortelano docto
se enseñorea sólo deste árbol,
en donde entretejida
hasta las cejas la sextina rústica
no comprende el origen de sus ecos.

Estas figuras de dicción ornando
el acto de escribir por ser excelso,
como de amor la cópula,
que la sonora musa las emplea
ignorando el motivo ciegamente,
bajo el dictado del instinto fiero,
como el olmo y la liana
entrecruzados hasta las honduras,
ocultando así la división férrea,
que tanto desagrada a uno y otro;

y al rayar cada aurora
de figura en figura va mudando
cuán intuitivamente,
que del amor la ciencia infusa azul
nada comprende, mas estalla en goce.

Y en fin de dónde vino nunca sabe
si del alma impalpable, si del sueño,
o si del mismo seso,
aunque mediante ella el inquisidor
a los cielos pregunta día a día
la prima causa de la vida esquiva;
que tampoco comprende
por qué acá en este blanco papel yace,
y no acaso en el éter o en el agua,
o entre amarillas flores olorosas;
y hasta similarmente
de bicho, risco o árbol sobre el suelo,
que nunca nada indagan,
ni el instante ni el punto donde viven,
tal las inertes letras que acá yacen.

No os avergoncéis del vacío seso
culpable de tan lastimoso estado,
¡ay Canción mía inculta!,
que tras proclamar la beldad ayer,
bien vale que la dulce
lira por una vez siquiera hoy
loe al porcino bolo alimenticio.

171

Cuando el espíritu no habla por la boca

Aquí la bucal gruta del semblante,
en donde no se anida ningún eco
ni de la tempestad ruidoso trueno,
ni un tañido de la zampoña dulce,
y donde todo se hace mutis siempre
desde la aurora al riguroso ocaso
bajo el celeste cielo,
como los seres de los demás reinos
que por no escatimados fueron
de la victoria humana,
y así cuánto pasmados discurrieron
oyendo a otros cómo a borbotones
pregonar en voz alta su ventura.

Los labios bajo el sello asaz lacrado,
del más fiero silencio de los mares,
desde el primer suspiro acá llegando,
y tras el mal vivir y el buen morir,
mudando al otro mundo todo mudo
bajo el deshonor de una oscura sombra,
y sediento de ser,

pues la boca ninguna ayuda dio
para extraer el alma de su dueño,
cual olmo, pez y risco
que por allá discurren muy callados,
llevándose de sus intimidades
cada cual el secreto impenetrable.

Súbdito del bucal tranquilo reino,
que abandona la esfera sublunar,
como sumido en el primer estado,
y sufriendo el desdén de ajena dama,
porque pegada al paladar la lengua,
de milenio en milenio por el miedo
de que delante della
bajo el vislumbre de su alta beldad,
no pueda proclamar palabra alguna,
y hora tras hora así,
que de repente al borde de la tumba
callado llega y sin poder jamás
expresar el amor ni una vez sola.

La mala o buena estrella se revela
por medio de la lengua francamente,
si de palabras absoluta nada,
o en cambio cornucopia sonorosa,
por la que se consigue la fortuna,
tal si hablando se embelesara al hado,
que del cóncavo cielo
del paladar desciende el gran mandato
a legislar el buen o mal vivir,

de día y aun de noche,
ya el silencio que el infortunio incuba,
ya la voz bajo cuyo imperio rige
el disfrute de la terrena dicha.

Mas el alma por una vía extraña
al fin se manifiesta enteramente,
entre los rayos del nocturno sol,
por el Monte de Venus escalando,
donde por vez primera ahora está
en la gloria del gozo sin medida;
pues en las mil delicias
de un mínimo momento que se esfuma
en un abrir los ojos y cerrarlos,
se vuelve a las alturas
de la gestación bajo el placer máximo
de los padres en su perpetua boda,
ya acá como hoy en los Elíseos Campos.

Y el espíritu habitualmente oculto
en el lapso del sueño misterioso,
espera la llegada de la aurora,
para así remontarse como un ave
desde el punto del cuerpo capital,
dejando las honduras por las cumbres;
y de cara a la luz
por entre la floresta tan sonora,
y a través del deleite
mejor que por la boca el alma habla,

que es la voz de la carne milenaria,
la que al empíreo asciende raudamente.

Pues ello ocurre cuando día y noche
varón y dama se entretejen firmes
en el seno de un solo haz convulsivo,
sobre el vasto planeta retorciéndose
como un madero pasto de las llamas,
que los amantes seres disfrutando
hasta la muerte yacen,
y lo de adentro aflora todo afuera,
como la aurora tras la noche oscura,
así manifestando
el prado en las entrañas encubierto,
donde la alondra canta bajo el agua,
y las ovejas pastan entre el fuego.

Que el espíritu no habla por la boca,
de aquel que adora a dama como diosa,
y sale afuera al aire plenamente,
del corazón abajo por el monte,
para retornar al mujeril seno
hasta los extramuros de la carne,
donde su imperio anuncia
con más empeño que con la palabra;
y asido de las alas del delirio,
de súbito remonta
el más allá del cielo deleitoso
cuando el alma, ¡oh Dios!, por la boca no,
mas por el falo hablando eternamente.

INDICE

EL PESAPALABRAS   **7**

POEMAS

Poema   **11**
El aviso de las señales   **12**
La lisiada   **14**
Segregación N.º 1   **15**

DENTRO & FUERA
Menú   **19**
Expansión sonora biliar   **20**
Oh Hada Cibernética   **21**
Cien mil gracias   **22**
Los contenidos   **23**
Si a la plantita   **24**

¡OH HADA CIBERNETICA!
Algún día el amor   **27**
En vez de humanos dulces   **28**
Una desconocida voz...   **29**

¡Oh alma mía empedrada! **30**
¡Abajo las lonjas! **31**
¡Oh alimenticio bolo! **32**
¡Oh padres, sabedlo bien...! **33**
En tanto que en su hórrido mortero **34**
El cráneo, el árbol, los plagios **35**
¡Cuánta existencia menos...! **36**
Después de mil mudanzas **37**
¡Oh Hada Cibernética!... **38**
En Bética no bella **39**

EL PIE SOBRE EL CUELLO

Las abolladuras **43**
Plexiglás **44**
Los bofes **45**
A mi hermano Alfonso **46**
Poema **47**
A la zaga **48**
Amanuense **49**

POR EL MONTE ABAJO

Cepo de Lima **53**
El atarantado **54**
La tortilla **56**
Contra el estío **57**
Robot rocín **59**
Fisco **60**
Epigrama II **62**
El enmudecido **63**
Robot sublunar **65**

Mis ajos   **67**
Sextina del mea culpa   **69**

EL LIBRO DE LOS NONES
La cara de mis hijas   **73**
El moho   **74**
Usted, bocaza   **76**
Ni de cien mil humanos   **78**
La faz ad hoc   **79**
Autorretrato con apariencia humana   **80**
Pasta   **82**
Puros nones   **83**
A/h   **85**

SEXTINAS Y OTROS POEMAS
¡Bah! vitaminas A   **91**
Los estigmas   **92**
En el coto de la mente   **93**
El olvidadizo   **94**
Los extraterrestres   **95**
Canción primera   **97**
Sextina "El Bofedal"   **99**
Mirando a mis hijitas con su amigo, el can "Daqui"   **101**
A la noche   **103**
Los engranajes   **105**
Sextina de los desiguales   **107**

EN ALABANZA DEL BOLO ALIMENTICIO
Donde empieza la gordura   **111**

La torre **113**

Boda de la pluma y la letra **116**

Farewell to poetry **118**

La presa de carne que no se deja comer porque piensa en otro bolo alimenticio **120**

¿Cuándo sin ligaduras...? **121**

La presa de carne que aspira a un bolo alimenticio de mejor alcurnia **123**

Que muy pronto mañana... **125**

Cama de Occidente **127**

La búsqueda **129**

Estadio Vaticano **133**

Canción en alabanza del bolo alimenticio y en reprimenda del alma **135**

CANCIONES Y OTROS POEMAS

El ansia de saber todo **143**

Villanela **149**

El jardín en casa **151**

A las ruinas de un primogénito de Itálica **156**

Lo intempestivo **162**

La canción inculta **166**

Cuando el espíritu no habla por la boca **172**